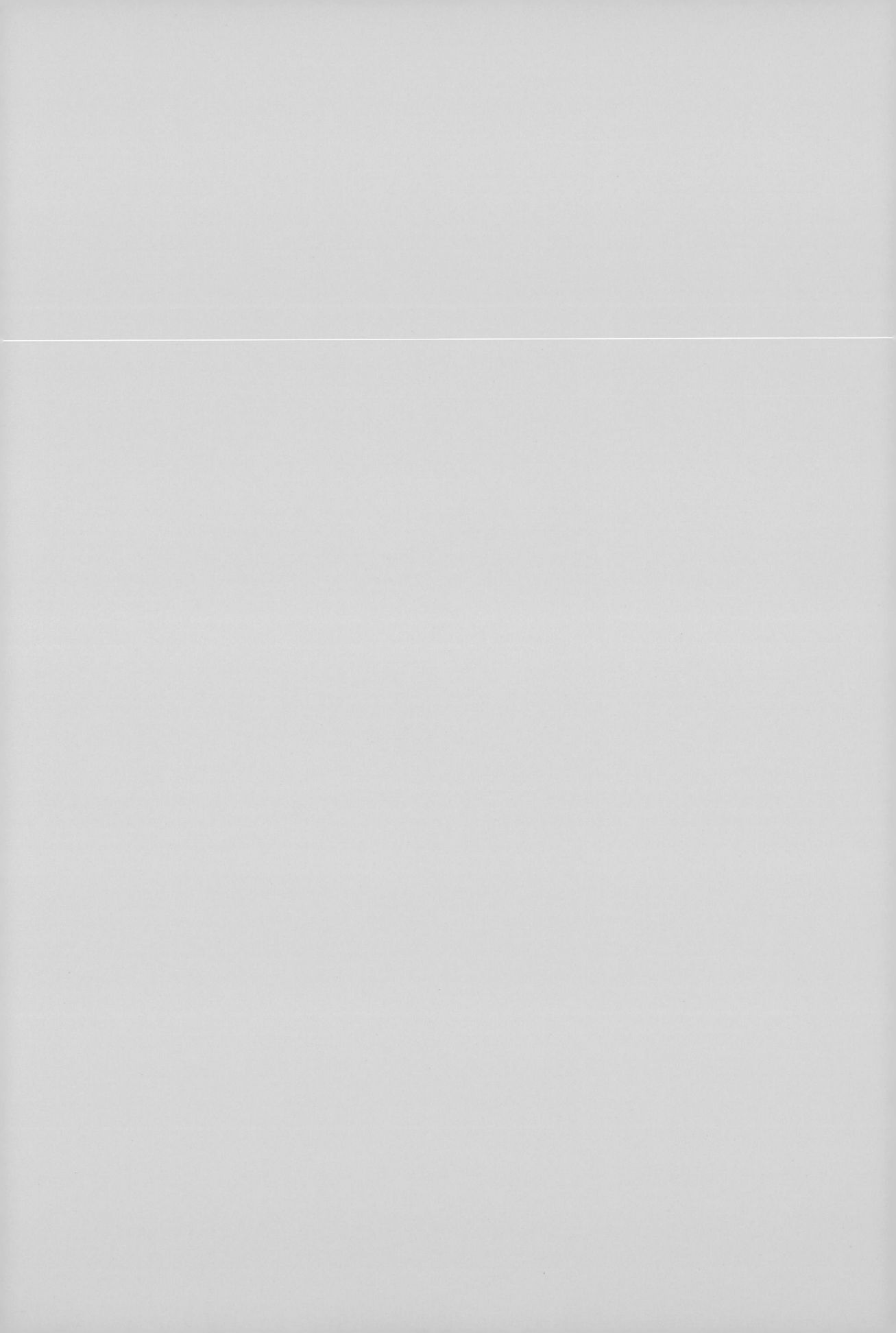

シニアのレクリエーションシリーズ 1

保健師・青木智恵子が書いた

会の始まる前・スキマ時間に 参加者をあたためる 楽しい小技

アドバイス&セリフ&
シニアと子どもの
交流マーク付き

青木智恵子 著

黎明書房

はじめに

私は，人見知りで内気です。そんな私が講話や幕間の一言を頼まれますと，それはそれは大変な緊張の日々となります。事前に家で何度もリハーサルしてみて，不安を吹き飛ばそうとします。そんな不器用な私でもすぐに行えるような，小さな技からダイナミックな技までご紹介します。

話の小ネタとして豆知識も各ページに書きました。イラストや飾りケイは，社協だよりや老人クラブのお便り，シニア文化教室の広報誌に使えるものも多々書きました。

手話を取り入れた優雅なフラダンスは工夫によってちょっとした余興にも使えますし，手話イラスト付きの歌詞表はそのまま拡大コピーしたり，参加者さんに資料として配っても便利かと思います。

数十秒でできるもの，バスの中でもできるもの，学ぶ意欲が高い高齢者大学でも行える小技，100人いる会場でできるものなど，様々な場面で活用できる本を書きました。

自分自身が，こんな本があったら便利だろうなあ，という思いを込めて書いたことはもちろんですが，やはり一番は，自分と同じく，人前で話すことが苦手だけれども講話や場つなぎ，レクの前フリなどを頼まれた際，「わーっ！　どうしよう!!」と思った方にお役に立てる1冊でありたい，との願いを込めて書きました。

本書を手にとった方がほんわかした気分になれますように，総じて，参加されたみなさまが笑顔で楽しめますように，願っております。

2014年4月

青木　智恵子

こんな時
この１冊！
お役に
立ちます
ちょっと準備に
手まどっているから，
場を盛り上げておいて！
えー
本格的な会が
始まる前に，
ちょっと前説
頼むよ。
えーっ，私が
ですかー！？
老人クラブで講話を
頼まれたけど，
いきなり話し始める
のも何だし……
このイラストも
飾りケイも
豆知識も広報に
使えるゾ！ イイゾ！
ザワザワ ザワザワ
休憩終了後，
会場を落ち着かせて
おかなくちゃ……
参加者が100人
以上いる時の小技，
ないかしら……

本書のマーク・キャラクター紹介

地域交流マーク

子ども（年長さんから小学生位）と，シニアの地域交流にも利用できる小技を紹介しています。

声かけ例

☆実際の声かけのセリフ例を「　」で紹介します。

あそびっち君

☆あそびっち君が，あそびや小技を楽しむヒントやコツを紹介します。

場所／室内 室外

☆小技が披露可能な会場を示します。

時 間

☆小技が楽しめそうなおおよその目安の時間を示します。

人数／何人で可

☆小技が楽しめそうなおおよその参加者の人数を示します。

立ってでも座ってでも

☆座ったほうが楽しめる小技，立っても楽しめる小技を示しています。

子どもマーク

☆子ども（年長さんから小学生位）向けのセリフなどです。

大人マーク シニアマーク

☆大人やシニアさん向けのセリフなどです。

くまんぼ先生

☆ちょっとしたアドバイスをしてくれるくまんぼ先生です。

まめちゃん

まめちゃんは，ひとこと豆知識を紹介します。

☆の部分は，参加者さんのその時の状態や，場面によって変わります。おおよその目安なので，マニュアルにとらわれず，参加者さんが楽しめるように臨機応変に対応しましょう。

本書の見方

見出しがあってひきやすい！

大まかな目安がわかります。

P.47の場合

ジャンケン お笑い

シニアと子どもの交流行事で使うことも可能です。

10 ほくろで大笑い

約5~10分 室内 室外 2人～大勢 立ってでも座ってでも

簡単に小技の内容を示してあります。どんな小技か概略を見る時便利です。

ジャンケンをして勝ったら手持ちのほくろシールを相手の顔の好きな場所に貼ります。どんどんジャンケンをして手持ちのシールを早くなくした人が勝ちです。

参加者の様子などを簡単なイラストにしてあります。コピーしてお便りのイラストカットにも使えます。

豆知識 上から読んでも下から読んでも同じ回文その2。

話のネタにもなります。

やり方

① 参加者に丸いシールを，台紙はつけたまま配ります。
時間や人数に合わせ，シールの個数を調整します。
シールは100円ショップや事務文具用品店などで売っていることが多いです。

以下略

P.49の場合

声かけ例

そのままセリフ例があるので，進行者はアレンジするだけでOK。

「ジャンケンをして勝った人は，負けた人の顔の好きな部分にほくろシールを１枚つけてください。そしてまた違った相手を見つけてジャンケンを続けていきましょう。
手元のほくろシールを早くなくした人が勝ちです。

豆知識 「ぶ

以下略

P.12の場合

子どもの参加者へのことばも載せています。

豆知識 作業療法士

声かけ例

声かけの対象者

「次におかあさん指（人さし指）とお兄さん指（中指）の２本，チョキみたいに出せるでしょうか。片方の手はパーのままです。これで，今度は『タタタン，タタタン，タタタン，タン』と打ってみましょう。」

以下略

目　次

子どもとシニアの地域交流にも利用できる小技

約15秒～3分以内の超小技

定番ジャンケンお笑い小技

腕や体を動かしてお得にホッとタイム♪

1 小さな力で大きな拍手

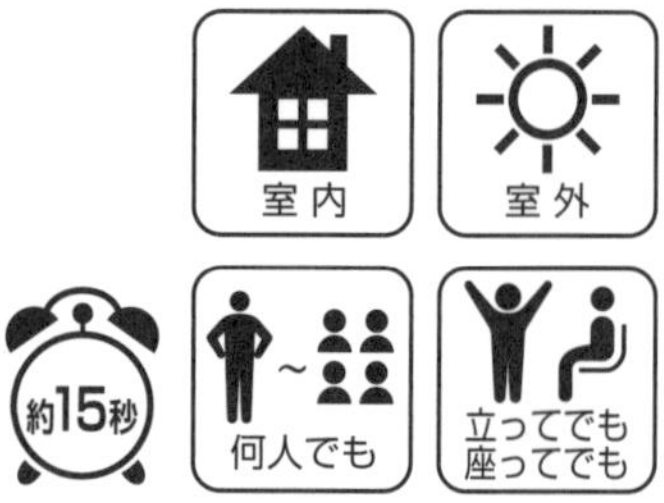

「子どもの応援や，感動した時，大きな拍手を送りたい」誰もが一度は，そんな気持ちになったことがあるでしょう。
でも，強く，長くたたいていると手の平が痛くなってきますね。
そこで，小さな力でも効率的に大きな音が出る拍手の仕方をご紹介します。

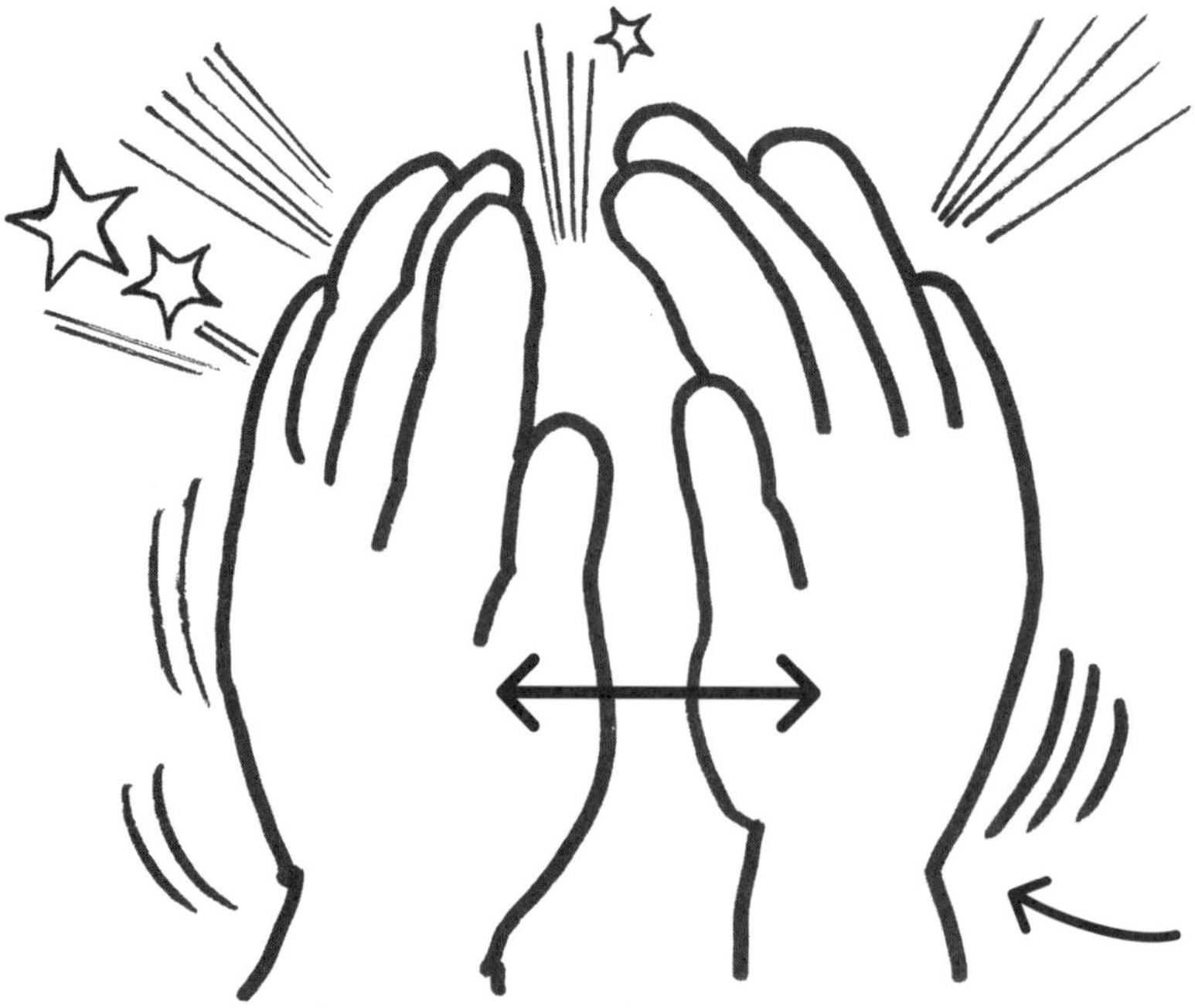

左右の手の平の中央に少しくぼみをつくり，

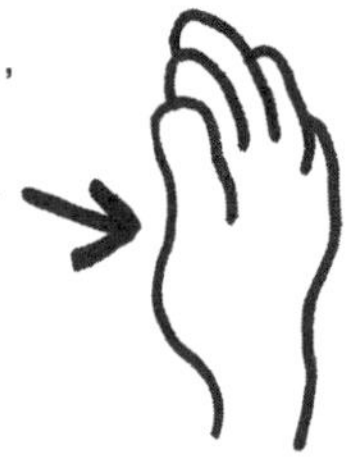

少し左右の手の平をずらしてたたくと，小さな力でも大きな音が出ます。

パチパチとパンパンという音が混ざるような感じです。

豆知識　理学療法士のことをPT（=Physical Therapist）と略して記載することがあります。

2 ハッピー五本締《じ》め

子ども　大人　シニア

室内　室外

約3分

あいさつの時間にもよります

数人～大勢

立ってでも座ってでも

集会の時などのあいさつの中で使うと効果的です。

子どもは小学校高学年以上位。

大人が飲み会などで一本締めをすることがありますね。

「よ～～～―――っ，パン！」という手締めです。

その応用版として五本締めがあります。

「よーっ」という，かけ声とともに会場のみんなでリズムに合わせて手を打ちます。

大人や高齢者施設，老人クラブの集まりの前説，あいさつ，会が始まる前のちょっとした時間や場つなぎにも使えます。

ハッピーな気分で終わらせたい時の短いことばとともに応用小技をご紹介します。

豆知識　言語聴覚士のことをST（=Speech-Language-Hearing Therapist）と略して記載することがあります。

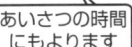

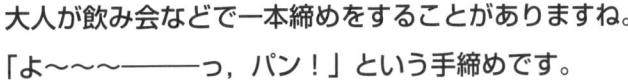

ハッピー五本締め

基本のやり方

① 進行者は動作を見せながら説明をしていきます。

声かけ例 1

「それではみなさん，お手を拝借《はいしゃく》します。
片手をパーにしてください。
もう片方の手は，人さし指だけ立てて，もう一方のパーの手をたたきます。
リズムは
『タタタン，タタタン，タタタン，タン』です。」

豆知識
保健師は看護師の資格を持ち、国家資格です。

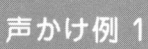

声かけ例 2

子ども　大人　シニア

「みなさん，これからたくさん拍手をする場面が出てきますよ。
だから，みんなで拍手の練習をしておきたいと思います。」

声かけ例 3

子ども

「みなさん，片手はパーで，もう片方の手の指はおかあさん指（人さし指）
1 本出してみましょう。
どっちの手がパーでもよいですよ。」

豆知識

介護福祉士は日常生活に支障がある方にさまざまな生活支援を行う専門職で、国家資格です。

ハッピー 五本締め

② 進行者は説明をしながら，そのリズムと同じようにテンポよく今度は人さし指と中指（チョキやピースのような感じの２本指）で手を打ちます。

声かけ例　子ども

「次におかあさん指（人さし指）とお兄さん指（中指）の２本，チョキみたいに出せるでしょうか。片方の手はパーのままです。これで，今度は『タタタン，タタタン，タタタン，タン』と打ってみましょう。」

③ 大体，ここまで練習すると，参加者は要領がわかることが多いので，練習はここまでにして，最初の１本指から始め，最後に両手で拍手の形でする五本締めまで通して進めてしまうことが多いです。

豆知識　作業療法士のことをOT（=Occupational Therapist）と略して記載することがあります。

声かけ例

「そうですね。上手ですね。そのように，１本の指から，指の数を２本，３本，４本と増やしていき，最後まで通して『タタタン，タタタン，タタタン，タン』と続けてやってみましょう。」

④ 進行者のかけ声とともに，①からテンポよく通してみます。
進行者は「♪タタタン，タタタン，タタタン，タン」
と言い，指の数が増えるごとに，「次2本！」「3本！」と早口の合いの手を入れるとよいでしょう。

声かけ例

「それでは，お手を拝借。まず１本指から！
よ〜っ，ハイ！」

豆知識
保健師は地域住民の健康維持・増進・病気やケガの予防・保健指導をします。

ハッピー五本締め

音がどんどん大きくなっていくので
みんなの雰囲気も自然に盛り上がっていきます。

応用１

相手が子どもの場合，あいさつがわりにお約束や大事なことを５つ話してからおこなってもよいでしょう。

応用 声かけ例

「おやくそくを５つ言います。
（指を立てながら）
１つ目は　『１人で勝手なことをしない』
２つ目は　『ふざけない』
３つ目は　『みんなで楽しく』
４つ目は　『良い姿勢で』
５つ目は　『いっぱい笑って』……です。
５つのお約束を心の中で誓いながら五本締めをしましょう。『せーの，１本指！』……『せーの，五本締め！』。」

豆知識
ものをゴクンとのみこんで胃に送ることを「えんげ」と言い、漢字で「嚥下」と書きます。

アドバイス

子どもの月齢が低すぎたり，雰囲気によっては，うまくいかなそうな時は，両手がパーの拍手の形でする五本締めを練習して，最後にみんなで「せーの」で，「タタタン，タタタン，タタタン，タン」と合わせてみるだけでもよいでしょう。
うまく合わせられなかった時も，進行者は
「あれあれあれ～，私の練習不足でうまくいかなかったです～♪」
というズッコケジェスチャーをとるなどして，
「でも，このあとは大いに盛り上がっていきましょう！」
と開き直れば大丈夫。

豆知識

太ももの前面にある大きな筋肉は「大《だい》腿《たい》四《し》頭《とう》筋《きん》」と言い、縮んで膝を伸ばします。（キックの動き）

ハッピー五本締め

応用２

応用１の２つめのあいさつ例です。
拍手の練習と称して，みんなに伝えたいことや会のキーワード，大切にしたいことなどを５つ話してからおこないます。

応用 声かけ例

「私は５つ大切なことを感じました。
１つ目は『１人じゃない』
２つ目は『不幸せではない』
３つ目は『みんな最高』
４つ目は『喜びにあふれている』
５つ目は『いつでもみんなといるとがんばれる』……です。
５つの思いを込めて五本締めをしましょう。『せーの，１本指！』
……『せーの，五本締め！』。」

豆知識

息を吐きやすくする方法の一つに「口すぼめ呼吸」という方法があり、ローソクを吹き消すようなつもりで長く息を吐きます。

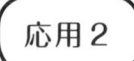

3 拍手で盛り上ゲ〜ム

室内

約1分

20人位〜大勢

立ってでも座ってでも

会が始まる前のほんの数分，何を話して場をつなごうか，困る時はありませんか。そんな時の拍手の練習もかねた足ぶみ遊びもある，簡単アドリブゲームをご紹介します。

やり方

声かけ例

「少し時間があるので，体を動かして待っていましょうか……。」

コツ

笑顔でニコニコ，
目が合ったら
ニコニコ
忘れずに。

豆知識

口やのどの器官は、音を作る器官でもあり、また、嚥下に関係する器官でもあるので、構音訓練と嚥下の訓練には深いつながりがあります。

拍手で盛り上ゲ～ム

①「ゲームのルールは，簡単です。」
「わたしが両手を上げたら
みなさんは，大きく拍手。
両手を下げたら，その場で足ぶみ。
片手が上がって，片手が下がったら
拍手と足ぶみ，両方をしてください。」

豆知識
腰痛がつらい方は、腰の反りを軽減する姿勢をとるようにすると楽になることがあります。

両手上げる

拍手

両手下げる

足ぶみ

片手上げる

拍手と足ぶみ

② 何回か，いろいろ繰り返し，拍手や足ぶみをします。

③ 最後，時間が来たら，大きく拍手のジェスチャーで終わると，盛り上がったまま会が始まります。

豆知識

感覚の刺激の種類に「前庭覚」というものがあり、体のバランス・揺れなどに大きく関係しています。

4 ずっこけ すかし拍手

豆知識

自分の情報を話すことを「自己開示」と言い、親しくなればなるほど深く自己開示がなされていくとも言われています。

出し物がたくさんある会の始まる前に，会場の雰囲気をよくしておく場合に使えます。
同じく拍手の練習と称して，小さな笑いを誘ってみましょう。ジェスチャーは大きく，思いきっておこなうのがコツです。

やり方

① 参加者と拍手の練習をします。

声かけ例 1

「これからおもしろい劇や手品が始まるよ。先生たちもがんばって練習したから，そうだ！　先に拍手の練習をしておこうね！」

声かけ例 2

「これから○○会のみなさんによる出し物や，○○クラブのみなさんなどによる楽しい余興が始まります。たくさん拍手や手拍子をすると思うので，みなさんちょっと始まる前に拍手の練習をしておきましょう。」

②

声かけ例

「わたしのマネをしてください。」
（と言って，大きく手を打つ）

③ ②を数回繰り返します。

④ 予想に反して空振りします。手を打ってしまった会場の人から思わず笑いが起きます。

声かけ例 1

「あれあれ，よっぽどみなさん拍手をしたいようですね。では，始めましょうか。」

声かけ例 2

「あれあれ，わたしよりみなさんのほうが，拍手が上手なようですね。」

豆知識

糖尿病などで高血糖が持続すると血管を痛め、さまざまな合併症を引き起こします。

5 餅《もち》つき拍手

室内　室外

約1~2分　10人位~大勢　立ってでも座ってでも

進行者の手が交差したら，参加者は手をたたくという簡単なゲームです。

すばやく反応することを楽しめます。

幕間《まくあい》のちょっとの時間など，次の出し物の拍手を引き出しておきたい場合にも使えます。

豆知識
運動療法には短期的な効果と長い目で見た効果と両方の側面があります。

やり方

① 進行者の手に注目してもらいます。

声かけ例

「みなさん，わたしの手に注目してください。」

アドバイス

みんなが見えやすい位置に立つことが大事です。

会場の中で目の不自由な方，見えづらい方，指示が通りづらい方などがいませんか？全体を見わたしてみましょう。

② 進行者は腕を上げて説明します。

「わたしの左手がお餅（左手をグーにします），
右手がお餅つきの杵《きね》です。
今からわたしが『せーの』の合図で右手を動かして，左手の餅を通ります。
みなさんは，右手が左手の前を通った時，1 回だけ手をたたいてください。」

豆知識

太ももの裏側にあり、膝を曲げるのに使われる筋肉に、ハムストリングスと呼ばれる筋肉があります。

餅つき拍手

③「動かす右手の杵は，行ったり来たり（手を交差してみせます）するので，みなさんは，1回，2回，と二度手をたたくことになります。」

ヒント たくさん
ゆっくりした動きで何度か練習してみるとよいでしょう。
パンッ
サッ サッ
三三七拍子などを織り交ぜるとやりやすくなります。
手を動かすスピードを変えたり，動かしている右腕を急に止めたりして，フェイントしてみてもよいでしょう。
ぴたっ
うお〜っ
最後に大きな拍手をして終わると気持ちよいでしょう。

豆知識 足の脛（すね）の部分の筋肉（前脛骨筋）の筋力が衰えると、つま先が上がりづらくなることがあります。

6 いい拍手と悪い拍手

法則発見ゲームです。

進行者が，「いい？」と言ってから拍手をすると，それは「いい拍手」。

何も言わないで拍手をすれば「悪い拍手」。

これだけのネタですが，参加者は拍手の仕方に気をとられて案外気づかないものです。

進行者はうまく演技をしましょう。

やり方

① 進行者は説明をします。

声かけ例

「みなさん，これからわたしが『いい拍手』と『悪い拍手』をします。何回か見本を示します。そしてクイズとして拍手をしてみせますので，それが『いい拍手』なのか『悪い拍手』なのか，見分けてみてください。」

豆知識　足の裏や足の指の筋力を鍛えたり、感覚を高めることで、転倒予防につながることがあります。

いい拍手と悪い拍手

②

声かけ例

「みなさん。**いい**ですか？　よーく見てくださいね。
これは，いい拍手です。」

③ 進行者は，大げさに，さも立派そうな拍手をします。

④ 次に，進行者は，「では次に，悪い拍手をします」と言って，さも悪そうな態度で拍手をします。（ひょうきんな顔や態度で手を打ったほうがウケます。）

⑤ 何度か見本を見せ，「では，これはいい拍手でしょうか，悪い拍手でしょうか」と聞き，拍手をします。

豆知識

太ももの内側の筋肉や股《こ》関《かん》節《せつ》の周りの筋肉を鍛えると、がにまた（O脚）予防にもなります。

声かけ例

「わかった人は手を上げてください。隣の人に法則を教えてはいけません。最初わかっても，シー（言わないように）ですヨ。」

と，隣の人などに教えないように言っておくとよいでしょう。

コツとしては，いかにも悪そうな態度の拍手でも，最初にさりげなく「いいかい？」などと言っておけば「いい拍手」になるので，そのギャップを大きくすると，より楽しめます。

アドリブ

何度も繰り返しているうちに，参加者の大半が法則を見破っていきます。

最後に，

声かけ例

「では，みなさん**イイ**ですかー。これはイイ拍手だと思う人は，すてきで良い盛大な拍手をしてみてくださいー。 おうちに帰って知らない誰かに試してみてくださいねー！」

と言って，拍手かっさいで会場を温めてもよいでしょう。

豆知識
太もも前の筋肉（大腿四頭筋）を鍛えると膝痛予防や転倒予防につながります。

7 ハンカチぐるぐる

ハンカチが回っている間だけ拍手をするという簡単なものです。用意するものはハンカチだけです。

やり方

① ハンカチを用意して始めます。

アドバイス

説明をする時も
大きなジェスチャー
を交えながら話すと
よいでしょう。

声かけ例

「ではみなさん，これからハンカチに合わせて拍手をするという遊びをします。
みなさんは，楽しい時や嬉しい時，拍手をしますよね。
これから，わたしが，このハンカチをぐるぐるぐる～と回しますのでこのハンカチがぐるぐるぐる～と回っている時に拍手をしてください。でも回っていない時は拍手をしません。
いいですか，ではやってみます。よーく見てくださいね。」

豆知識

踏み台昇降運動は、全身の持久力や足の筋力を鍛えたり、継続するとダイエットにつながることもあります。

② 「せーの，はい，拍手〜。」
（進行者，回す）
（参加者，パチパチパチパチパチ，と拍手をする）

③ （進行者はぴたっと止めて）「はい，やめる。」
（参加者は拍手をやめる）

というように，ハンカチが上で回っている時だけ拍手をします。

④ ②③を繰り返します。

アドバイス

ハンカチを回す時に「はい，拍手〜〜」とか，止める時に「はい，やめる」など，ことばをそえたほうがわかりやすいでしょう。

慣れないうちは，ハンカチを回す時は手を高く差し上げ，ハンカチを止める時は手を下ろすとわかりやすいでしょう。

豆知識

言語聴覚士（ST）は、会話や読み書き、コミュニケーション、「摂食嚥下《せっしょくえんげ》」障害のサポートなどもする専門職です。

ハンカチぐるぐる

アドリブ ヒント1

最初は２秒程度，慣れてきたら数秒と時間を長くしてみます。
さらに慣れてきたら，回すふりをして直前でやめ，フェイントをかけるなどしてみます。

実際には
手を上げない
または
実際には
手を上げるけど
ハンカチは別の手
ぴくっ
サッ

アドリブ ヒント2

ハンカチを回す時，大きいジェスチャーや小さいジェスチャーを声をかけながら数回行い，最後は進行者が思い切って大きく大げさに回します。

豆知識　保健師をＰＨＮ（Public Health Nurse）と略して記載することがあります。

声かけ例 1

「大きく拍手〜〜。」
（と言って，体全体も使いながら大きくハンカチを回す）
（参加者が大きく拍手する）

声かけ例 2

「小さく拍手〜〜。」
（と言って，体全体も使いながら小さくハンカチを回す）
（参加者が小さく拍手する）

声かけ例 1，2 を適当に組み合わせてやってみます。
最後に大きい拍手で終わります。

豆知識
看護師をNs（Nurse）と略して記載することがあります。

ハンカチ ぐるぐる

声かけ例 3

「そのような調子でたくさんこれから始まる出し物にも拍手してあげてくださいね！」

と，次の出し物などに和やかな雰囲気を引き継ぐこともできます。

大きな拍手を呼びたい時など，進行者もジェスチャーを大きくすると，見てわかりやすく，また，参加者の方に気持ちも伝わりやすいです。

豆知識

「持久力」とは、筋肉が長い時間仕事をする能力で、主に呼吸や循環器系（心肺機能）が持久力を支えています。

ハンカチは少し大きめで
ハッキリした色のほうが
見やすいでしょう。
とくに
子ども
アドバイス
物を目で追って
見る力を使うね。
ハンカチ
回るのかな……
集中力も
いるね。
進行者の動作は，
ハッキリと！

豆知識

骨粗しょう症が進んでいる方は、ちょっとした外からの力でも骨折することがあります。

8 まねっこタンタンタン

室内
室外
約3分
何人でも
立ってでも
座ってでも

参加者のみなさんが進行者のリズムをまねして体の部位をたたく遊びです。スピードを変えるなどして，最後は大きく拍手をして盛り上げてみてもよいでしょう。

やり方

① 練習します。

声かけ例

「では，みなさん，まねっこタンタンタン，という手遊びをします。
今からわたしが手拍子を３回打ちますので，わたしがたたいたとおりに，手を打ってまねをしてみてください。
１，２，せーの。」

② 進行者が，『タン，タン，タン』と手を打ち，
「ハイ。」
と参加者に向かって促すジェスチャーをします。

タン，
タン，
タン♪
（手を3回打つ）
ハイ！

豆知識

骨粗しょう症の方では、尻もちをついたり、ひどいくしゃみをしただけでも腰椎圧迫骨折を起こすことがあります。

③ 参加者のみなさんがまねをして，3回手を打ちます。

タン，タン，タン♪

④

声かけ例

「そうです。では続けてやってみましょう。」

⑤ 続けてテンポよくできるように何度か練習してみます。

声かけ例

「同じように頭（お腹）でやってみます。まねをしてくださいね。」
（頭やお腹で②③を繰り返します。）
※あまり強くたたかないようにします。

頭

タン，タン，タン♪
ハイ！
タン，タン，タン♪

豆知識

一週間寝込むと、筋力が10〜20%落ちてしまうという報告もあります。

まねっこ タンタンタン

お腹
タン，タン，タン♪
ハイ！
タン，タン，タン♪

コツ

講演会や授業など，机があって，手をお腹にあてるのが難しい場合は，肩など，別の部位にしてもよいでしょう。

子どもが多かったり，大きな動きでも安全で楽しめる雰囲気であれば，膝やお尻を取り入れても楽しめるでしょう。

誰だーっ，おならブーしたのー，先生かなあ？
お尻の場合も，進行者はお尻をつきだして参加者によくわかるようにしましょう♪
なぜか子どもは「お尻」「おなら」ネタで喜ぶコトが多いです。
キヒヒヒ

豆知識

転倒の外的要因（周りの要因）としては建物の造り・段差・履物・コード・置いてある新聞紙・カーペットの端などさまざまあります。

⑥ リズムよくできるようになり，慣れてきたころ，3回打つ部位を頭，お腹，手など，織り交ぜてやってみます。

例

タン，
タン，
タン♪
（手を3回打つ）
ハイ！
タン，タン，タン♪
タン，タン，タン♪
ハイ！
タン，タン，タン♪

アドリブ ヒント1 スピードをゆっくりにしたり，早めたりしてもよいでしょう。

アドリブ ヒント2 参加者が打った後すぐに進行者が手拍子を続けると，三三七拍子のようなリズムになります。そこで参加者が混同したら，

声かけヒント例

「おめでたい三三七拍子になりましたね。」

と，楽しいフォローを入れてもよいでしょう。
また，進行者がフェイントでわざと7つ打って三三七拍子にして，まねをしてもらい，難しくしてもよいでしょう。

豆知識 転倒を防ぐためには部屋の中を片付けておくことも大切です。

まねっこ タンタンタン

アドリブ ヒント3

最後に手拍子を打つテンポを早くして繰り返し，テンポが関係なくなるほどの拍手となって終わってもよいでしょう。そのような時は，

声かけヒント例

「こんなふうにこれから始まる楽しい劇や歌にも手拍子や拍手喝采《かっさい》を送ってあげてくださいね。」

と，和んだ雰囲気を次の出し物などにつなぐようにするとよいでしょう。

豆知識

体のバランスを見るテストに「開眼片足立ちテスト」があり、目を開けて両手は腰にあて、片足で立っている長さを測ります。

ポリポリ
簡単に見えるけど，いろいろな部位をたたくって難しいなあ。
タンタンタンハイッ
テンポの速さは参加者の様子を見て決めましょう。
集中したり
まねしたり
……参加者の中には難しい方もいるかもしれませんが，まねしようという様子が見られるだけでも嬉しいな。
手やお腹や動作の違いがわかったり。
身体がうまく動かせない方には，周りの援助者がその人の手をとってたたくまねをするなど，動作を手伝ってあげるとよいでしょう。

豆知識

反復唾液嚥下テスト（RSST）は、嚥下の繰り返しの能力を見ます。30秒間で2回以下は嚥下障害の疑いがあります。

9 あと出しジャンケン

室内　室外

約5分　数人～100人　立ってでも座ってでも

進行者を相手に，ジャンケンをします。

一《ひと》テンポ遅れて，「あいこ」や「勝ち」や「負け」のものを出します。進行者の手に注目し，マネをしたり，考えて自分の手を出すという技術を練習するゲームにもなります。

豆知識

「のど仏」というのは「甲状軟骨」の、のどのでっぱりのことを言います。

1 『あいこ』バージョン

やり方

① 説明をします。

声かけ例

「これから，ちょっと変わったジャンケンをします。わたしが，『ジャンケンポン！』と言ってジャンケンをするので，みなさんはわたしのあとに続いて，『ポン！』と言いながら『あいこ』のものを出してください。」

② 参加者の中で片手が不自由そうな方や，両手でするのかと迷っているような方がいた時などは，

アドリブ 声かけ例

「出しやすいほうの手でよいですからね。」
とつけ加えるなど，配慮します。

手が見やすいように
高く差し出します。
「これからわたしが」という時なども，ジェスチャーは大きく，ハッキリとおこないます。

豆知識

わずか約0.5秒の一瞬の間に「ゴクン」と食べ物の塊がのどを通ります。

あと出しジャンケン

③ 参加者に声をかけます。
「ジャンケン」
「ポン！」

グー
の場合

パー
の場合

進行者の「ポン」の一《ひと》テンポあとに，参加者は「ポン！」と言うことになります。

豆知識

首や肩の筋肉は、荷物を持っていなくても常時重い頭や腕を支えたり動かしたりしています。

チョキの場合

ジャンケン
ポン！
ポン！

ちょこっとアドバイス

普通のジャンケンのおはなし

子どもがいる場合のジャンケン配慮

参加者の中に小さいお子さんがいる場合は，勝ち負けにこだわらず，雰囲気を楽しめるようにしたほうがよいでしょう。

普通のジャンケン遊びの基本として，相手と同時に手を出して静止できるかどうかは５歳でほぼ可能となる[1]という報告があります。また，「勝ち負けの理解」については，４歳で５割，５歳で８割，６歳でほぼ全員可能という，報告もあります。[1] したがって，年少さん（３歳位）では，普通のジャンケン遊びは無理かもしれませんね。

1) 藤田政雄「幼児のジャンケンの理解と遊び」『幼児の教育』1968年10月。

ジャンケン遊び

????
年少さん
3歳位
無理かも？？
!?!?
年中さん
4歳位
あと少し？？
年長さん
5歳位
だいたいOK
小学校1年生
6歳位
バッチリ！

豆知識

成人男性の頭の重さは約４～５kg、成人女性だと約３～４kg、腕は片方で２～３kgあるとも言われ、首や肩の筋肉が支えたり動かしたりしています。

あと出しジャンケン

Point

・進行者は，参加者のみなさんがよく見える位置に手を差し出すこと。

・参加者の中には目の不自由な方や，聞こえづらい方など，さまざまな方がおいでになりますので，臨機応変に対応しましょう。

例

進行者が，自分で出すものを口にも出して（例：「グー」など）言うこともあります。

便利！

☆講演など，大勢いる会場でも可能です。

☆座っていても可能です。

豆知識

肩こりは首や肩の筋肉が疲労やストレスで緊張し、血のめぐりが悪くなるために起こるとも言われています。

2 『勝ち』バージョン

やり方

① 説明をします。

声かけ例

「次は，わたしに勝つものを出してください。」

ジャンケン
ポン！
ポン！

ヒント

勝った参加者を，思いきりほめてあげるとよいでしょう。

みなさん
強いですねえ。

声かけ例

「○○くん，強いね～！　グーで勝ったねえ！　強い！」

豆知識

「有難う」という言葉は「有ること難い」稀なことに出会い、恐れ多いくらいの感謝の気持ちを表す仏教用語からきています。

3 『負け』バージョン

やり方 ① 説明をします。

声かけ例

「次は難しいですよ〜。
わたしに負けるものを出してください。
わたしも，たまには勝ちたいので！」

ジャンケン
ポン！
ポン！
あ…，
まちがえ
ちゃった…。
勝ち
負け

ヒント 人の心理として，勝つものを出すのはやさしいが，わざと負けるのは難しい，とも言われています。

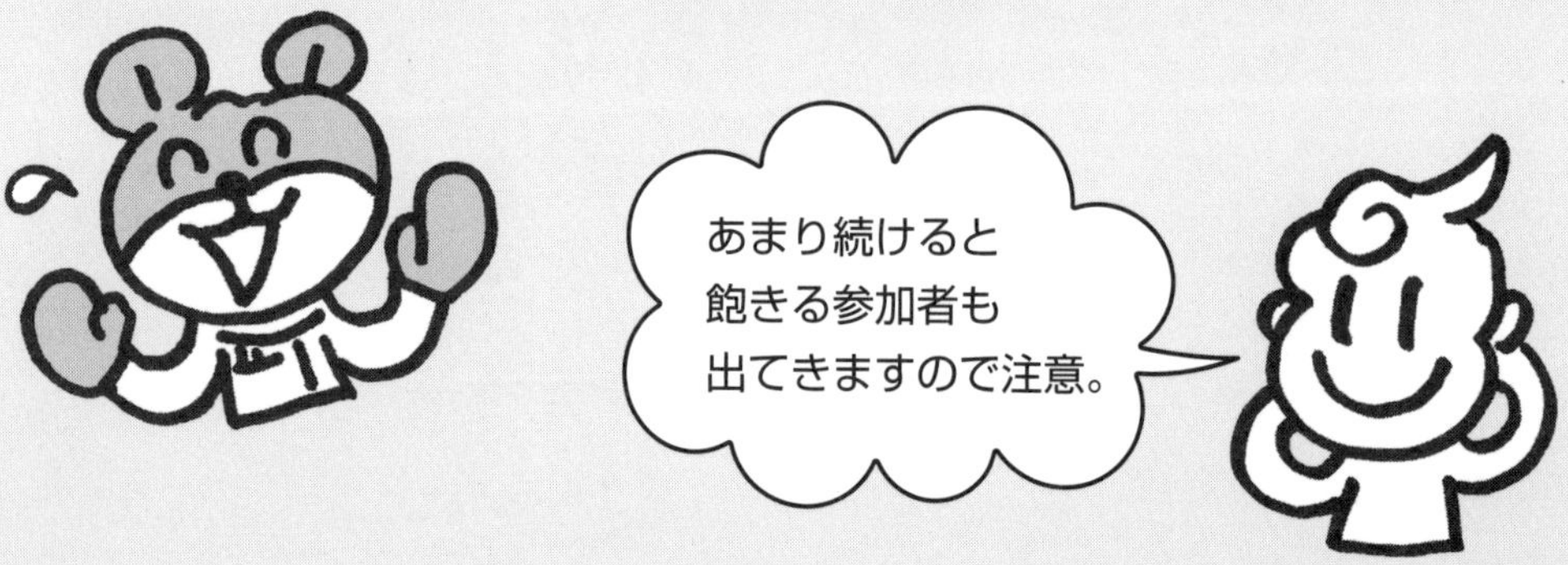
あまり続けると
飽きる参加者も
出てきますので注意。

豆知識 上から読んでも下から読んでも同じ回文その1。「つい、ありがたい。痛がり、アイツ」

10 ほくろで大笑い

室内　室外

約5~10分　2人～大勢　立ってでも座ってでも

ジャンケンをして勝ったら手持ちのほくろシールを相手の顔の好きな場所に貼ります。
どんどんジャンケンをして手持ちのシールを早くなくした人が勝ちです。

やり方

① 参加者に丸いシールを，台紙はつけたまま配ります。
時間や人数に合わせ，シールの個数を調整します。
シールは100円ショップや事務文具用品店などで売っていることが多いです。

← よく使われる大きさ（これより小さくても大きくてもよいです。）

豆知識

上から読んでも下から読んでも同じ回文その2。「歯医者、怪しい歯！」

ほくろで大笑い

② 説明をして合図でスタートします。

声かけ例

「わたし（進行者）の合図で，みなさんは自由に動き回り，出会った人とジャンケンをしてください。」

制限時間を決めてもよいでしょう。

アドバイス

・同じ人とはジャンケンをしない。
・または同じ人と続けてジャンケンはしない。
・毎回違った人とジャンケンしましょう。
……というルールを決めてもよいでしょう。

豆知識

おいしい物、大好物を一緒に食べるというだけでも相手と打ち解けられることがあります。

③

声かけ例

「ジャンケンをして勝った人は，負けた人の顔の好きな部分にほくろシールを１枚つけてください。そしてまた違った相手を見つけてジャンケンを続けていきましょう。
手元のほくろシールを早くなくした人が勝ちです。

シールがなくなった人は手を上げて教えてください。

同じ人とはジャンケンを続けてしないで，毎回違う人とジャンケンしましょう。
それでは，よーーーい，スタート！」

アドバイス

大きめのシールにしたり，シールの端をあらかじめ少し起こして（折り上げて）おくなどすると，参加者ははがしやすいかもしれません。
ハッキリした色のほうが見やすいでしょう。

豆知識

「ぶどう、一粒、どう?」「醤油はここだよ、しょうゆう（そういう）こと言わないの!」ダジャレ。

ほくろで大笑い

イイコト1 その場からあまり移動できない人のところには，動ける人が積極的に出向きます。子どもとお年寄りが混ざっている集会でも使えます。

イイコト2 席が決まっている会場などでは，お隣同士，お向かい同士などでジャンケンをしてもらうこともできます。

イイコト3 最後に，ほくろがいっぱいついた，みんなの顔を見るだけで，自然と笑いが出るでしょう。

豆知識

「殊勲賞受賞して握手して拍手」早口言葉です。3回言ってみましょう♪

アドバイス

進行者は，早くシールをなくした方に，
みんなで拍手を送るように声をかけましょう。
また，負けてばかりいて，
ほくろシールをいっぱいつけられた方や
変なところにシールをつけられた方，
ジャンケンに積極的に参加できなかった方などもよく見ておき，
最後には楽しくなるようなことばがけを心がけましょう。

声かけ例

「○○さんはすごいほくろ美人になってしまいましたね。今日，いちばんのほくろ美人さんにも拍手を送りましょう！」

「○○ちゃんは，大仏さんみたいなところにシールをつけられちゃったね。つけた人もなかなかうまいところにつけましたね。」

「みなさんの中には『ほくろをつけたほうが男前になっちゃったなあ』なんて人はいませんか？」

「ここから帰る時には，シールをとっていったほうがよいかもしれませんヨオ～。わたしは一度，2つつけたままお店に買い物に行ってしまい，くすくす笑われたことがありますからね～。」

豆知識

耳鼻咽喉科の領域には「聴覚」「嗅覚」「味覚」を担当する耳・鼻・舌等の重要な感覚器が全部含まれています。

11 みんな愛していますよ 手話体操

室内
室外
約6~10分
何人でも
立っても座っても可ですが座った方が楽

シニアの文化教室の前説や，シニアクラブの健康教室で体操を始める前など，少しの時間を使って手遊びと手話を覚えるという一挙両得の小技です。
高齢者大学や介護予防教室，シニアクラブなどでは，比較的知識欲の高い参加者も多く，ちょっとしたトリビアを喜んでいただけることも多いです。

豆知識

入れ歯の具合が悪いと、うまく噛むことができません。入れ歯は「摂食嚥下」を助ける最高の補助装置でありリハビリ用具とも言えます。

やり方

ジェスチャーを交えながら，説明をしていきます。

声かけ例

① 「はい，みなさん，それではこれから始めます。
まず，お手本を見せますので，みなさん，わたしのまねをして練習してみてくださいね。」

アドバイス
進行者は参加者のよく見える位置につきましょう。

声かけ例

② 「右手を前にのばしてパーの形を作ってください。」

上級ヒント

この時，慣れている進行者は，「わたしは，みなさんがわかりやすいように，鏡のように自分の手は反対の手を出して，お手本になりますね」と，進めることもあります。

声かけ例

③ 「次に左手も前に出してパーの形を作ってください。」

声かけ例

④ 「次にわたしのかけ声に合わせて，そのまま右手のパーだけを円を描くように２回回してください。」

ヒント

進行者は，実際の動きを交えて説明するとわかりやすいでしょう。

豆知識

歯医者さんは虫歯や口の中の病気のことはもちろんのこと、「お口のケア」「入れ歯」「嚥下を助ける口の中の補助装置」などについてのプロでもあるので、相談にのってくれます。

みんな愛していますよ 手話体操

⑤「そうです。上手ですね。」

⑥「それじゃいきまーす。かけ声に合わせて回してみてください。
はい，右，くーるくる。（2 回ゆっくりめに回す）」

⑦「右，くーるくる。（2 回，回す）」

⑧「今度は，左手もやってみます。わたしのかけ声に合わせて，
左手のパーだけを回してください。」

豆知識

言語聴覚士は、「摂食嚥下」の安全な条件を考え、実際に食べる訓練もおこなえます。

声かけ例

⑨「では，いきまーす。はい左！　くーるくる。（2 回ゆっくりめに回す）」

⑩「左，くーるくる。（2 回，回す）」

左！

⑪「みなさん，なかなか上手ですね。
透明の窓を拭いているようです。
見ようによっては，早く姉さん，バイバイしてよ！　ともとれますが！？　気のせいでしょうか？！」

このようなあたたかい声が
聞こえることもあります♪
バイバイなんて，
そんなことないよー。

豆知識

「話すこと・食べること・息をすること」はそれぞれが絡み合い影響し合っているので、それぞれのリハビリも相互に関連し合っています。

みんな愛していますよ 手話体操

声かけ例

⑫「今度は，わたしが合いの手のように，右，左！　と言いますので言われたほうの手のパーだけを，とっさに，くーるくる，くーるくる，と回してみてください。
では，両手のパーを出してください。では始めます。せーの。」

※会場を見て，⑬～⑰を臨機応変に組み合わせてください。

⑬「右！　くーるくる。右！　くーるくる。」

⑭「左！　くーるくる。左！　くーるくる。」

⑮「右！　くーるくる。左！　くーるくる。」

⑯「左！　くーるくる。右！　くーるくる。」

⑰「両手！　くーるくる。両手！　くーるくる。」

⑱「ハイ，ありがとうございました。アドリブで両手！　と言っても，できた方が大勢いて，すてきな団体平泳ぎを見たような気がします。」

アドリブ
ヒント
テンポを速くしたり，ゆっくり大きくしたり，変化を楽しんでもよいでしょう。

豆知識
「お互いが手を伸ばせば相手に届く範囲（45～120cm以内位）はリラックスして会話ができる距離」という文献があります。

声かけ例

⑲「次は本当に平泳ぎ体操をしてみたいと思います。」

⑳「さっきと同じように両手はパーですが，手の平を下に向けてください。そして，同じようにわたしが右！　と言ったら，右でくーるくる。左！　と言ったら，左でくーるくる，と円をかいてください。」

㉑「ではやってみます。」

㉒「両手のパーを下に向けて。」

㉓「せーの，右！　くーるくる。
右！　くーるくる。」

㉔「左！　くーるくる。
左！　くーるくる。」

㉕「右！　くーるくる。
左！　くーるくる。」

㉖「左！　くーるくる。右！　くーるくる。」

㉗「両手！　くーるくる。両手！　くーるくる！」

豆知識

「メタボ」という略語（俗語）は，「メタボリックシンドローム」のことです。

みんな愛していますよ 手話体操

アドバイス

このセリフの時もジェスチャーをつけながらだと，わかりやすいでしょう。

声かけ例

㉘「はい，すてきなカエル平泳ぎを見せてくださり，ありがとうございました。
ここにいる方々みーんなが，すてきな平泳ぎの水泳選手に見えました。
ここでひとつ，みなさん，すてきなことを覚えて帰れますよ。
というのは，わたしが言った『みんな』というのは，手話ではこういう動きなのです。
『みんな』です。（と手話をする）」

手の平を下にして片方の手を水平に回すと**「みんな」**という手話になります。

㉙「ご家族の方やお孫さんにも教えてあげてくださいね。」

㉚「みなさん，今日は『みんな』という手話を覚えることができました！」

アドリブ

この部分を，大きいジェスチャー（手話）で表すと，雰囲気も和やかになりますよ。
（次ページ）

豆知識

同じ脂肪の細胞でも、「内臓脂肪」と「皮下脂肪」は性質が違います。

声かけ例

㉛

みなさん

今日は

下に向けた両手の平を
同時に下げる

手話で

両手人さし指を向かい合わせて
半周ずらして回転する

『みんな』

という

立てた人さし指を口元から
前に出す。省略しても可

手話を

覚えることが

開いた右手を頭の右上に
置き，こめかみのわきに
下ろしながら手を握る

でき

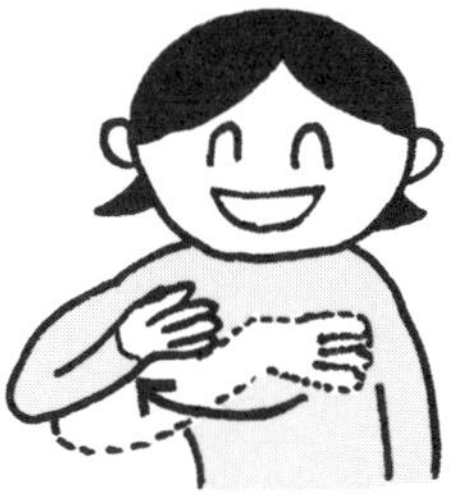

右手の親指以外の４指の先
で左胸，右胸と指していく

ました。

『終わる』という手話で，左手の
平に右手を指先から当てる

このように手話で
話題をしめても，
和やかな雰囲気に
なります。

豆知識

メタボリックシンドロームでは、さまざまな要因が絡まり合って動脈硬化に結びついていきます。

みんな愛していますよ 手話体操

左手の甲に右手刀を
1回当てると
「**ありがとう**」になります。

㉜ 「では，ついでに，今の両手の平を下にしたまま胸の前に持ってきます。片方の手の平はもう片方の手の甲から少し離して，上の手で下の手をなでなでするように，くーるくる，くーるくる，と回します。」

㉝ 「右手から上にしてやってみましょう。
みなさんから見たらこの形ですね。（進行者は鏡になって左手を上にする）
では，やってみましょう。」

豆知識

運動療法では「痩せること」「食後の高血糖を抑えること」や、運動の継続で「インスリン感受性を上げること」などに効果が期待されます。

声かけ例

㉞ 「せーの，右！　くーるくる。右！　くーるくる。
では，わたしが左！　と言ったらとっさに左手を上にして，左手で右手をなでなでするように，くーるくると回してみてください。やってみます。
まず，右手を上にして右手から始めてみます。せーの。

㉟ 「右！　くーるくる。右！　くーるくる。」

㊱ 「左！　くーるくる。左！　くーるくる。」

㊲ 「右！　くーるくる。左！　くーるくる。」

㊳ 「左！　くーるくる。左！
くーるくる。」

㊴ 「左！　くーるくる。右！
くーるくる。」

㊵ 「はい，ありがとうございました。」

アドバイス
㉟〜㊴を
臨機応変に組み合わせたり，繰り返したりしてみよう。

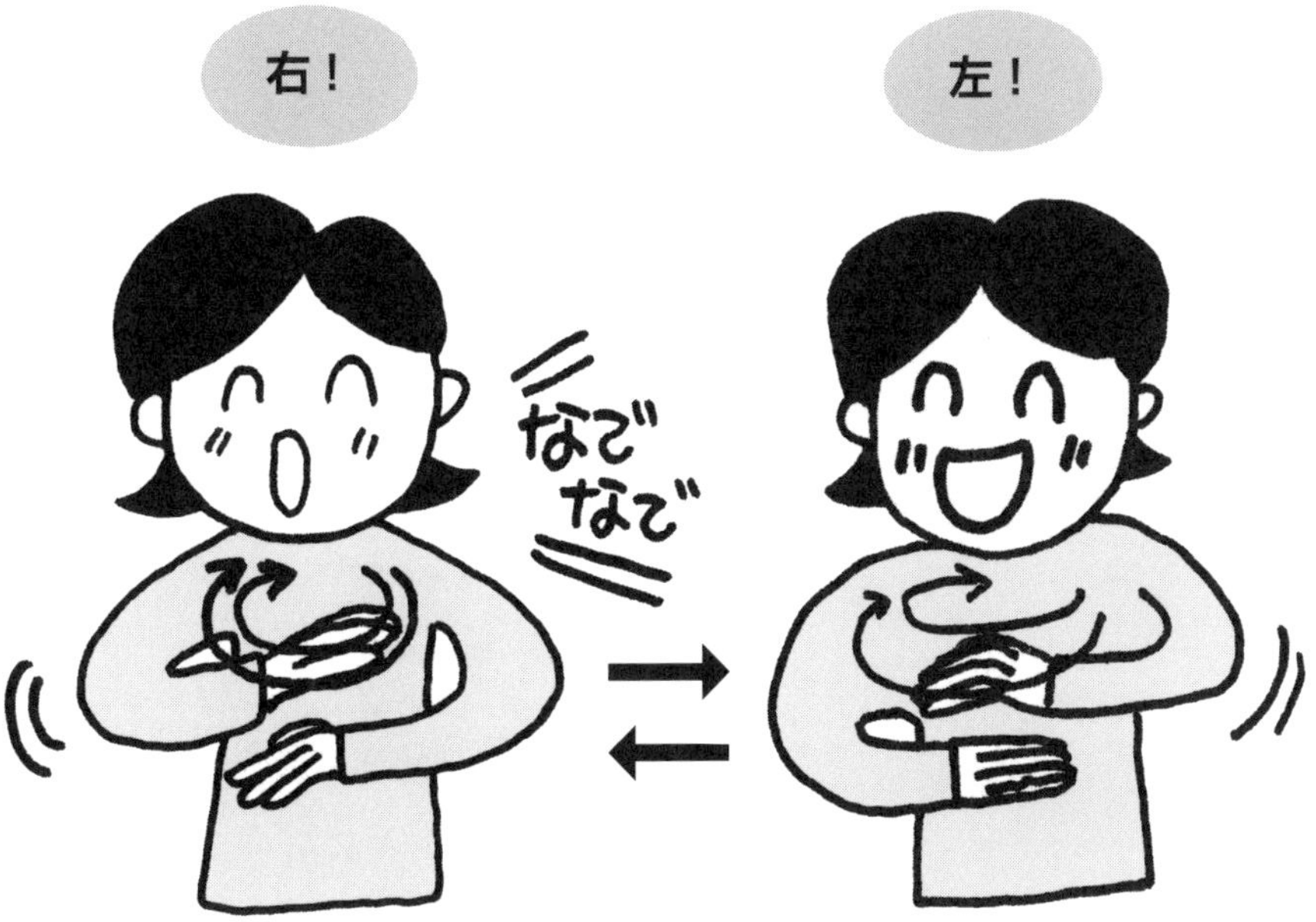
右！
左！
なでなで

指示は
大きな声で
ハッキリと。

豆知識
ふくらはぎの筋肉は「歩く時の蹴り出し」などの動作で重要です。

みんな愛していますよ 手話体操

アドバイス

このように通常の説明もジェスチャーを交えてハッキリとおこなうとよいでしょう。

声かけ例

㊶「利き手はうまくできますが，そうでないほうの手だと，両手とも動いちゃいませんか。難しいですね。」

㊷「おうちでもやってみてください。」

㊸「おっとみなさん，今日は２つ手話を覚えましたよ。１つじゃないです。」

㊹「この右手を浮かして左手の甲を２回なでる仕草は，『**愛しています**』という手話なのですよ。」

㊺「わたしはいま，みなさんに『愛しています，愛しています』と言われているようで，勝手に幸せな気分になっておりました。」

豆知識

集団でジャンケンで何か決める時に、普通のジャンケンだけではなく、あっちむいてホイを試してみてもよいでしょう。

声かけ例

㊻「みなさん，（手話を交えて）
愛しています。（手話を交えて）」

㊼「ありがとうございました。（手話を交えてもよい）」

㊽「パチパチパチ。」

㊾「これで終わります。」

終わりのあいさつを
手話でおこなうと，
雰囲気もよく次に
いけますヨ！

みなさん
愛しています
ありがとう

豆知識

口の中をきれいにすることはさまざまな効果が期待されています。全身の病気の予防にもつながっています。

12 風船ばんざいリレー

子ども
大人
シニア

ただし風が強いと×
室内
室外
約15分
約20人～大勢
座って

大きなゴミ袋に風船を数個入れた巨大なふわふわボールを送っていきます。
大勢の参加者がいる時はとくに盛り上がります。
思わず手が出てしまうところも魅力でしょう。

広い会場でも
一体感が出るヨ！

やり方

① 説明をします。

声かけ例

「みなさんこれから大きな大きな風船が現れますので，みんなで力を合わせて，わたしのほうに送ってもらいます。
できるだけ落とさないように送ってくださいね。」

豆知識

膝は歩く時は体重の2～3倍、階段の昇り降りでは6～7倍の負担がかかるという調査報告があります。つまり5kg体重が増えると膝への負担は10～15kg増えるとも言われています。

② 会場にいる方に，隣同士，安全で適度な距離をとってもらいます。場合によっては移動を手伝ってあげたり声をかけたりします。
机がある時は，机上のものを片付けてもらうなど，風船がぶつかって倒れそうなものは避けてもらいます。

会場例

状況に応じて

声かけ例

「隣の人とあまり間が空きすぎていると，巨大風船が落ちてしまいますので，少し手をのばしたら握手できるかなというくらいの距離に調節してみてください。さあ，少し手をのばして握手～。」

豆知識

膝などが悪い方は階段を昇り降りする際、1段1段足を揃えて手すりを使いながら行くと楽になることが多いです。

風船 ばんざいリレー

ゴミ袋などのビニール袋（大）にカラフルな風船を入れたものです。

巨大風船づくりのコツは70ページ

③ 別の援助者が巨大風船を会場の後ろのほうから進行者の合図で投げ入れます。進行者は実況中継をして，盛り上げましょう。

アドバイス

ところどころに手助けするスタッフを配置し，巨大風船が落ちたら拾って投げ入れてもらったり，参加者がまんべんなく風船に触れられるように配慮しましょう。

豆知識

足に痛みがある方は、手すりを使いながら、昇る時は痛みのない足から踏み出し、降りる際は痛いほうの足から降りると良い場合が多いでしょう。

BGMをかけると
盛り上がります。

イイコト1

集会や学芸会の一《ひと》コマや，PTA参加，老若男女織り交ざって100人位いる会場でのひとときに使えます。

イイコト2

講堂など階段状になっている会場でも使えます。

豆知識

腰痛の方は靴下などを履く時に椅子や床に座って履くと楽なことがあります。

風船 ばんざいリレー

工夫1　☆100人以上のような大勢の参加者がいる場合は，通路をはさんで右側，左側など会場を2つに分けて競争してもよいでしょう。

工夫2　☆列を組んで2チームに分かれて競争してもよいでしょう。

豆知識

前回の東京オリンピックは1964年に開催されました。この年にカルビーかっぱえびせんが初めて発売されました。オバケのQ太郎、サイボーグ009の連載が開始されました。

た・い・せ・つ

車椅子の方や，片手だけでもできるゲームですが，座っていてバランスをくずすことで事故が起こらないように，スタッフを配置するなどの配慮をしましょう。

両手の4指の先を両胸にあてることで「必要」「大切」という意味の手話をしている，くまんぼ先生

工夫

カラフルな風船を入れたり，鈴を入れるなど，参加者が見やすかったり追いやすくなる工夫もできますヨ。

ゴミ袋や風船にガムテープを貼ると，不規則な動きを楽しむこともできます。

豆知識

１９６４年に開催された東京オリンピック当時のヒット曲としては「明日があるさ（坂本九）」などがあります。

巨大風船づくりのコツ

事前にリハーサル
することを
オススメします。

参加者がどのような方々か，人数や会場の広さ，時間により，どのような巨大風船を作るか変わります。
事前にスタッフとリハーサルしておくことをオススメします。

ゴミ袋

例

- 45ℓ，20～30ℓ，90ℓなど，容積のタイプはさまざまあります。
- 半透明であれば，中にカラフルな風船5～10個（ふくらまし方や大きさにより個数は変わります）を入れるとよいでしょう。
- ただし，風船が割れそうで怖がる参加者がいそうな時は，わざと不透明なゴミ袋を使うこともあります。（不透明でも白や黒以外のカラフルなゴミ袋もあります。ホームセンターや東急ハンズなどで売っている場合があります。）

豆知識

１９６４年に開催された東京オリンピック当時、「ガロ」「平凡パンチ」などが創刊されました。

中に入れる風船

▶ ゴミ袋が透けている場合は，色がカラフルなほうが見て楽しめるでしょう。鈴など音が出るものを入れてもよいでしょう。

犬や猫がじゃれて遊ぶ鈴やおもちゃのコーナーにも，おもしろいものがありますヨ。

▶ 動きの変化を楽しみたい場合は，風船やゴミ袋にガムテープをところどころ貼ってもよいでしょう。ゴミ袋の結ぶ位置や結び目の大きさによって，動きに変化が出ます。

▶ 薄手で使い捨てのゴム手袋をふくらませて数個入れてもよいでしょう。

重みがあります。
油性ペンで顔を描いてもよいです。
メーカーによって，ふくらみづらいものもあります。

▶ 安価な風船の中には，ふくらみの悪いものや，割れやすい品があるので注意しましょう。（とくに100円ショップの品だと当たりハズレが大きいです。）

豆知識

前回の東京オリンピックは1964年に開催されましたが、昭和20年生まれの人はこの時19歳、昭和30年生まれの人は9歳で、NHK番組では「ひょっこりひょうたん島」などが放送されていました。

13 「見上げてごらん夜の星を」手話フラダンス

子ども

高齢者の方との交流行事などで披露してもよいでしょう。

大人
シニア

室内
約
6~10分
何人でも
立ってでも
座ってでも

名曲「見上げてごらん夜の星を」（作詞・永六輔／作曲・いずみたく）にのせて，ゆっくりした腕の体操をしながら，簡単な手話フラダンスを楽しんでみましょう。

「手話を覚えた」という，ひとつ得したような気分を味わって参加できるかもしれません。
手話とフラダンスのハンドモーションを組み合わせた，ゆっくりした動きはお年寄りの方でもOKです。

ホワイトボードや壁に歌詞（79ページ）と動作イラスト（80～83ページ）をそのまま拡大して掲示しておくと，参加者の方々も見ながらできます。

豆知識

参加者が会の開始前に来場されたその時から、気持ちよく接し、会話をしていくことで、会がスムーズにいくかどうかも左右されます。

やり方

進行者は参加者のみなさんに動作をまねしてもらいます。

① ♪「見上げて～」

声かけ例

「『目からピースの光線ビーム！』を出すつもりで，人さし指と中指を突き出した形を目から頭上に出してください。
盆踊りやフラダンスを踊る気持ちで，優雅にやってみましょう。
右手，左手とやってみましょう。（何度か練習してみます。）」

② ♪「ごらん～」

声かけ例

「『どうぞー！』のジェスチャーを，優雅にしてみてください。手の平を上にし，両手を胸の前から左右に開きます。『さあどうぞ，ごらんなさい』という気持ちです。両手で優雅にやってみましょう。（手が上がりづらい方は片手でもよいですよ。）」

豆知識

参加者一人ひとりが、何かしら一つは「今日、この会に来てよかった」と思えるような会になるように観察・心がけをしましょう。

「見上げてごらん夜の星を」手話フラダンス

③ ♪「夜の～」

「次に『夜がきて暗くなりました』というイメージで，両手を横から大きく空に向かって上げていき，頭の上で手の先を少し合わせます。」

④ ♪「星を～」

「次に『ピカッ』『ピカッ』と星が光るイメージで，頭の上で指先をパッパッとゆっくり開きます。右側，左側，右側と 3 回繰り返してみましょう。そうです『星』という意味の手話です。」

豆知識

常に、できない方への気持ちを配慮しましょう。参加者がうまくできなかった時には明るくなる前向きな声がけ、和みの笑いに変わるような雰囲気を作りましょう。

⑤ ♪「小さな」

声かけ例

「胸の前で，両手の親指と人差し指の指先を向かい合わせて近づけます。上から見ると小さな輪をつくった感じですよね。これは『小さい』という手話です。」

⑥ ♪「星の～」

声かけ例

「もう一度『星』の手話（④）を繰り返します。」

豆知識

前向きことば言い換えｐａｒｔ１→「ずれている」⇒「個性的」・「遅い」⇒「ゆっくり、のんびり」・「途中で止める」⇒「水入り～♪」・「援助、介助に入る」⇒「助っ人として」など、明るく前向き言葉はたくさんあります。

「見上げてごらん夜の星を」手話フラダンス

⑦ ♪「小さな光が～」

声かけ例

「小さな光がキラキラと降ってくるイメージで『小さい』という手話をしてから（⑤の動作），頭上斜め上から斜め下に，指先をヒラヒラと動かしながら優雅に下ろしていってください。星の光がチラチラと降りてくるようです。」

⑧ ♪「ささやかな」

声かけ例

「もう一度ゆっくり『小さな，ささやかな』という手話をします。（⑤の説明を繰り返してもよい。）」

⑨ ♪「幸せを～」

声かけ例

「次に手を大きく動かして，手話で『幸せ』のジェスチャーをします。あごにあてた親指と他の４本の指を閉じながら下ろします。片手だけ，もしくは右手，左手と交互におこないます。」

豆知識

前向きことば言い換えpart2⇓「背が低い、痩せ」⇓「小柄さん、きゃしゃな方」・「落ち着きがない」⇓「興味いっぱい、やんちゃタイプ」

⑩ ♪「うたってる」

声かけ例

「『歌う』という手話をします。一番最初の『目から光線ビーム』を，今度は唇にあててカーブをつけながら斜め上に上げていきます。声に節をつけて，高らかにみんなに聞かせるような状態を表しています。左右交互に4回繰り返します。」

⑪

声かけ例

「では，通して動作だけ（すぐにBGMにのせてもよい）練習してみましょう。慣れた方はフラダンスや盆踊りの気分でやってみてください。（①～⑩の動きを通してみる）」

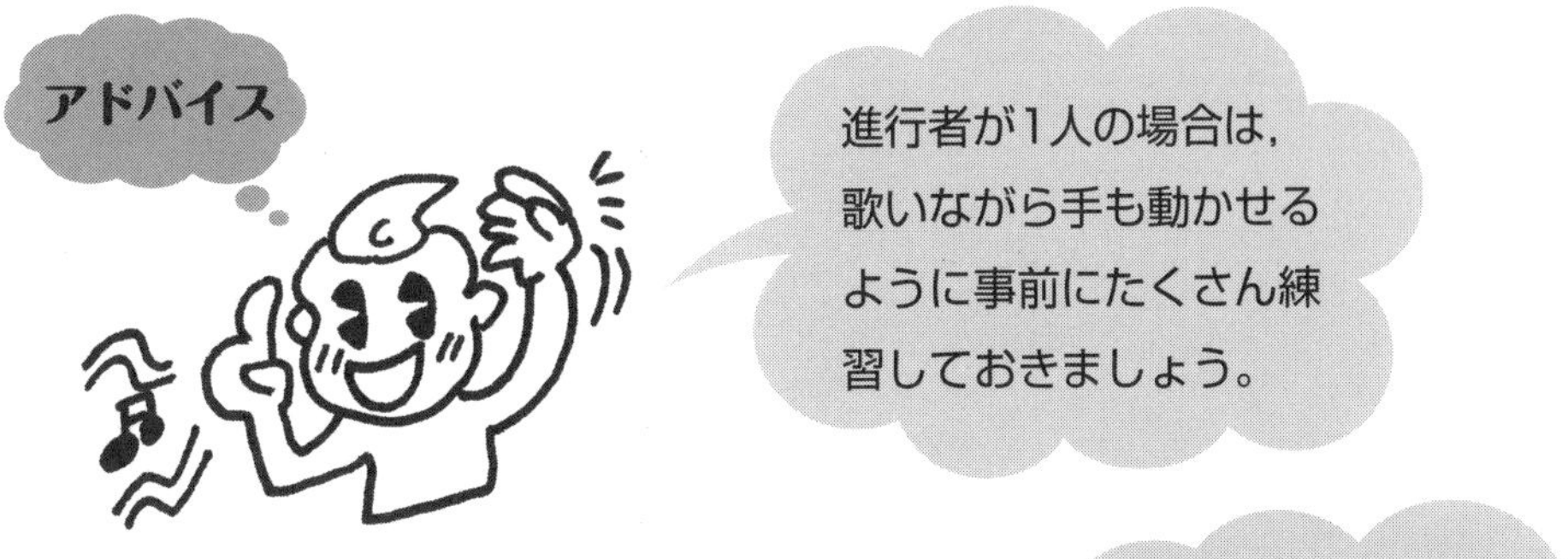
アドバイス
進行者が1人の場合は，歌いながら手も動かせるように事前にたくさん練習しておきましょう。

スタッフが多ければ，歌やダンスの見本のお手伝いをしてもらうとよいでしょう。

豆知識

山手線ゲームでは、お題を「地元の特産物」「友達の名前」「若い頃好きだったもの」「懐かしいもの」など、記憶を引き出す工夫や、お題そのものをグループトークのテーマにすることもできます。

「見上げてごらん夜の星を」手話フラダンス

⑫ 最後に，「見上げてごらん夜の星を」のBGMを流して歌いながら踊りを通してみます。カラオケバージョンのメロディーのみのほうが繰り返しやすいでしょう。
（原曲は続きがありますが，初心者はこの部分の繰り返しのほうが踊りやすいと思います。）

アドリブ 1

簡単な打楽器を入れてもよいでしょう。

マラカス
飲料の空き容器や筒状の菓子の空き容器に豆やビーズを入れた手づくりマラカス
トライアングル
鈴
タンバリン

アドリブ 2

簡単な足の横ステップを入れるとフラダンスを踊っているように見えます。

豆知識

応援団遊び。「○○～（施設の名称）、三三七拍～子、始めっ（みんなで手を打つ）」。「七」の部分をわざと「六」など違う拍子を言い、間違えたことを笑いに変えるのも楽しいでしょう。

見上げてごらん夜の星を

歌手・坂本九　作詞・永六輔　作曲・いずみたく

見上げて　ごらん　夜の　星　を

小さな　星　の

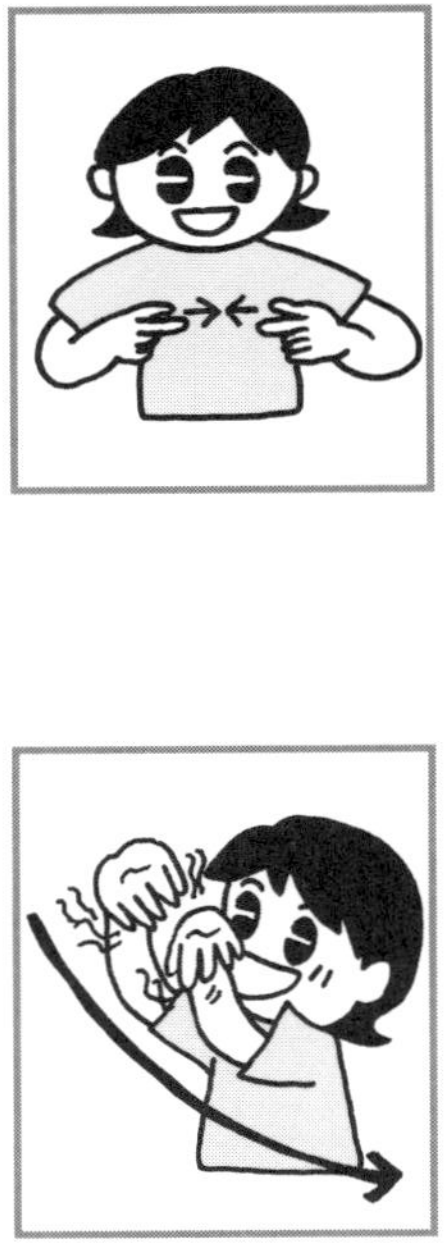

小さな　光が

ささやかな　幸せ　を

うたってる～～～

（後略）

豆知識

いっちゃんちの兄ちゃんが三ちゃんちでしっこして、ごめんも言わないろくでなし。七面鳥にはたかれて、悔しくなってトホホのホ。→数のことば遊びです。

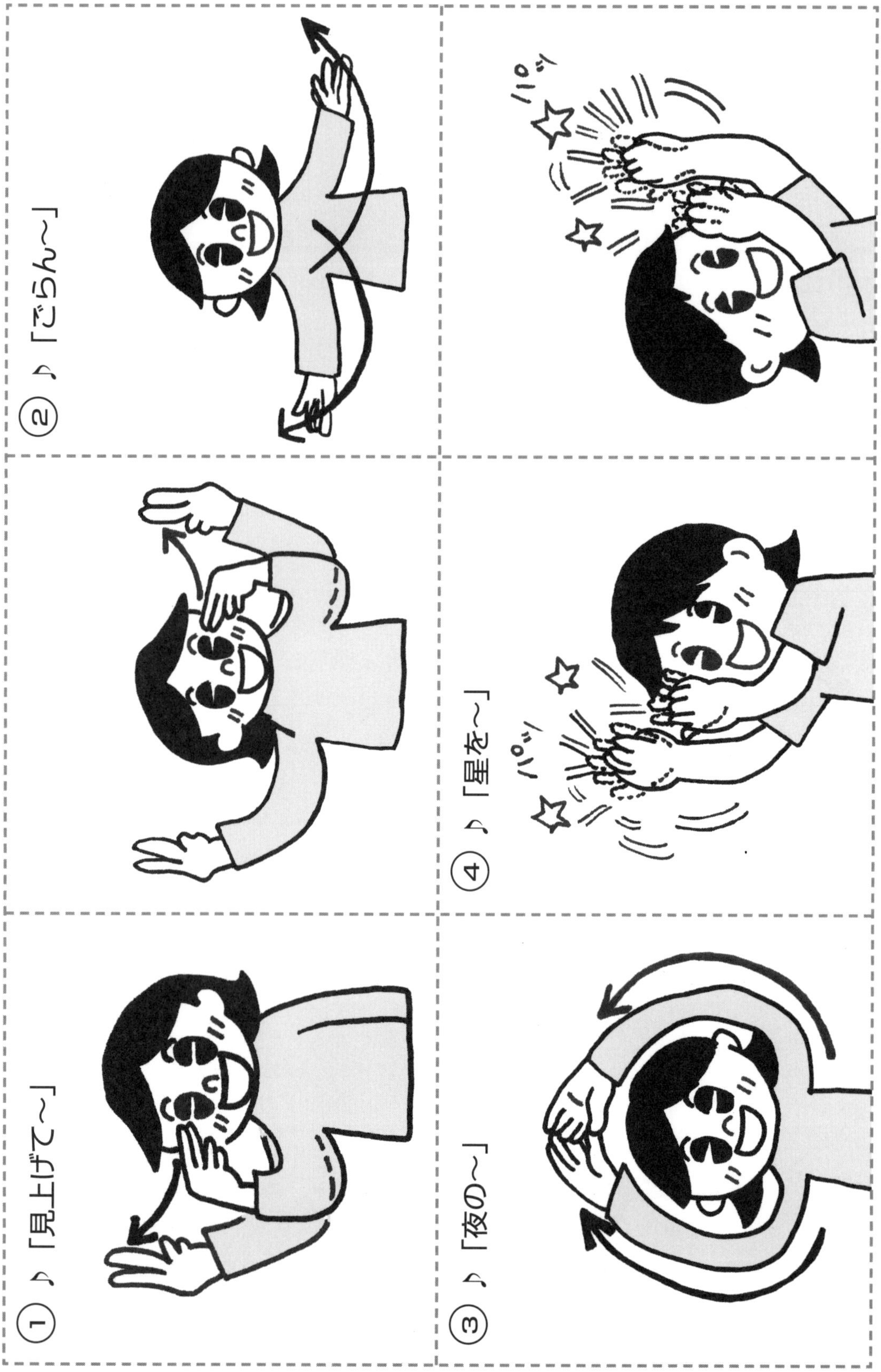

豆知識

♪たんたんたぬきの金時計～、風に揺られてブーラブラ♪→ご当地により、歌詞がさまざまなようです。あなたのふるさとではどうでしたか。

 ※適当な大きさに拡大してお使いください。

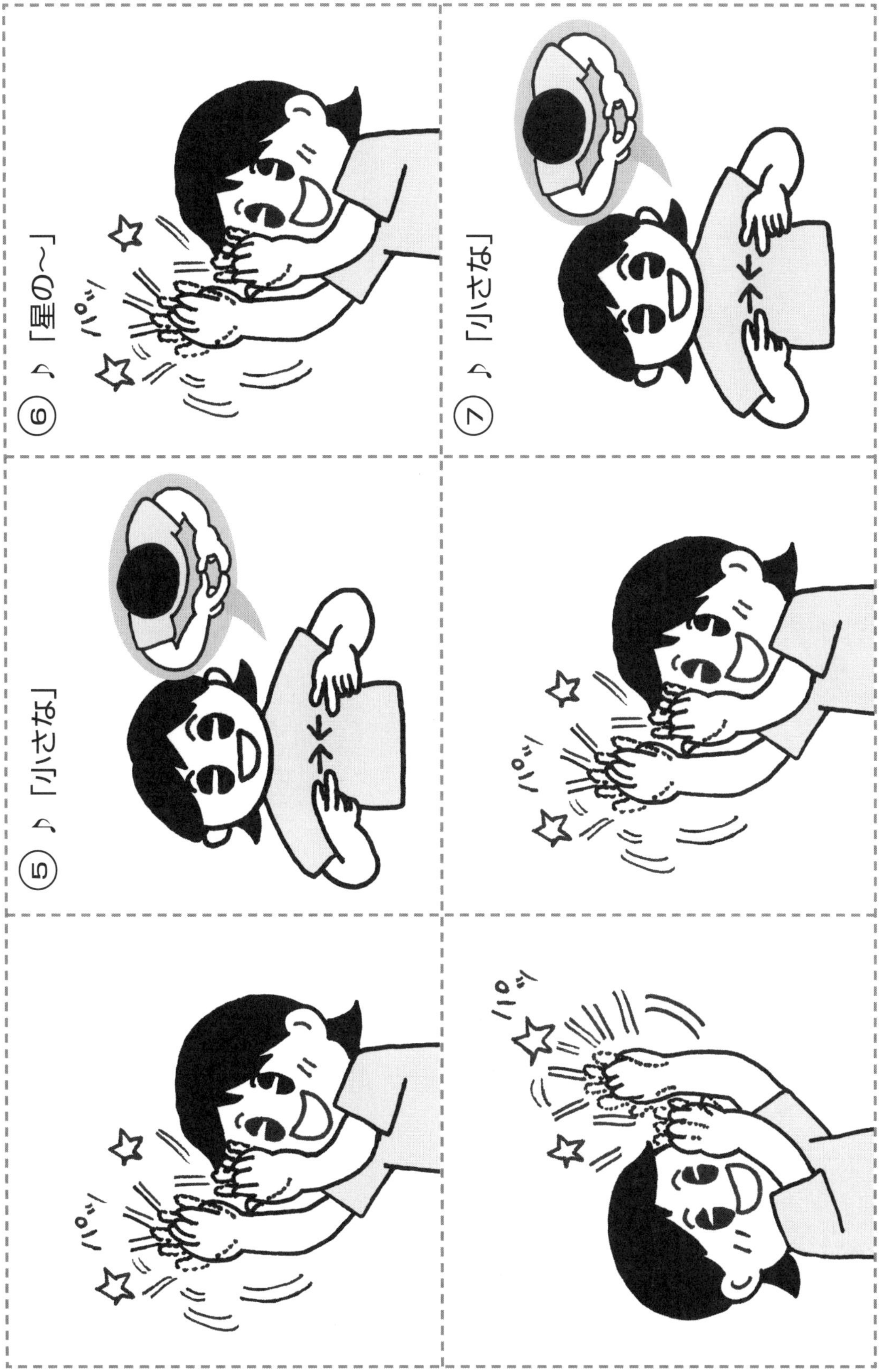

豆知識

握手することで肌のぬくもりを伝えると、相手の親近感が強まるという調査報告があります。

※適当な大きさに拡大してお使いください。

豆知識

握手には、相い寄り、手と触れ合う距離まで接近する、つまり「相手の個人のスペースに踏み込む」ということになり、お互い親近感をより感じやすいという報告があります。

 ※適当な大きさに拡大してお使いください。

豆知識

指先を使う作業や遊びは、認知症予防にも良いと言われています。

14 会場ウェーブ

大きな会場でウェーブの練習です。幕間《まくあい》や会の開始前に練習と称して，会場の空気をあたためるのに便利です。せっかく練習したのですから，会全体の中でも会場ウェーブが登場できる（会場みんなが参加できる）シーンを作っておくと盛り上がります。

用意するもの

▶ 会場を横断できる位の長さのひも（ロープやビニールテープなどでも可）

その他

▶ 進行者の他に，お手伝いスタッフとして，ひもの両端を持つ人が2人必要です。

準備として

ひもを持ったスタッフは後ろのほうに（隠れていてもよい）待機しています。

豆知識

人間の聴覚には音を選択する能力があり、人は聞きたくない音や、さほど重要でないと思う音を押し込んで、自分が聞きたいと思う音を聞こうとすると言われています。

やり方

① 進行者は説明します。

声かけ例

「さて，みなさん。大勢いないとできないことで，一度やってみたいことってありませんか？

わたしはあります。

そう，あのウェーブです。

よくテレビで見る野球の応援席やコンサート会場で，こうやって（手を上げて）次から次へと順序よく手を上げて下ろしていくと，人の手のウェーブが波打っていきますよね。

アレです，アレ。

あのウェーブ，１人ではできません。

ちょっと練習してみましょう。」

豆知識

自分に関心を持って欲しい時は、自分も参加者や相手に興味を持ち、共通の話題・趣味・関心を持つことも重要です。

会場ウェーブ

②

声かけ例

「みなさんの後ろからロープがやってきますので，みなさんの上を通ったら，ばんざいと手を上げて，通り過ぎたら，また下ろしてください。

では，いきますよ。

よーい，スタート！」

（ひもの両端を持ったスタッフが，後ろからやってきます。会場みんなでウェーブをします。）

バリエーション1

後ろから，前からと，行ったり来たりしてもよいでしょう。

豆知識

会を成功させるコツは、スタッフとの綿密な打ち合わせ、シミュレーション、イメージトレーニングがポイントです。

バリエーション 2

体形や人数によっては，ロープを持つ方向を変えてもよいでしょう。

バリエーション 3

ポンポンや紙テープ，あめなどをつり下げることもできます。

豆知識

当日の進行者で不安な人は、イメージトレーニングを何度も繰り返してみましょう。自分が参加者だったら、という想像力も働かせてみましょう。

15 絆《きずな》ウェーブ

室内　室外

約5分（人数により1～2分になります）

10人位～大勢

立ってでも座ってでも

全員で手をつなぎ，順に手を揺らしていき，波打ったようにウェーブしていきます。初対面の人同士でも打ち解け合い，不思議な一体感がうまれます。

やり方

① 輪になって手をつないでもらいます。進行者も輪の一部になります。

豆知識

会が成功するにはマニュアルやルールにとらわれず、参加者の様子を見て臨機応変に楽しくする工夫も大切です。

声かけ例

「ではみなさん，少しお互いの心の距離をちぢめましょう。
輪になってお隣同士，手をつないでください。」

ウォーミングアップ・小技

次に行く前に「手をつないだまま，ブランコのように手をブーラブーラブーラブーラと揺らしてみましょう！」……とワンクッションあるだけでも，少し空気があたたまります♡

豆知識

スタッフは、自分自身も楽しく、明るくなれるように、当日の体調管理も重要です。

絆ウェーブ

② 進行者から手つなぎウェーブを一方向に伝えていきます。

声かけ例

「わたし（進行者）からスタートします。お隣さんと手をつないだまま片方の手を上げて下ろしますので，お隣さんは反対の手をつないだまま上げて下ろします。次々にそれを繰り返して，手の上げ下ろしを波のようにお隣に伝えていってください。いきますよ。はい。」

（進行者は，つないだ隣の人の手を上げて下ろす。隣の人は，もう片方の手を上げ下げして，次の人に手の上げ下げを伝える。）

波のように手の上げ下げ
が伝わっていきます。

豆知識

相手の話を聴く時は、うなずいたり相づちを打ってあげると、「聴いてもらえている」と思ってくれることが多くなります。

③ 進行者のもとにウェーブが戻ってきます。
進行者は，伝わっている間，声をかけ，盛り上げます。

声かけ例

お隣さんと息が
合うと，きれいな
波になりますね〜。
どこまで波が
行きましたか〜。
みなさん
上手ですね〜。
ウェーブって一度やって
みたかったんですよね〜。
1人じゃできませんものね。

ワンステップ1！ 何周かするうちに慣れてきたら，右や左の膝の上下の動きも呼びかけて，体全体で大きな波を表現して伝えていくとよいでしょう。足の動きが入ると，混乱してとても難しくなりますが，笑いに換えて，場を和ませるとよいでしょう。

豆知識

相手に「聴いてもらえている」と思ってもらえるように、まずは相手の思いを受け入れたり、共感したりすることが大切です。

絆 ウェーブ

ワンステップ2！ 進行者のもとに戻る前に，次の波を送るのもおもしろいでしょう。

「次の波が追いかけまーす。」
「次の波が追いつかないように，がんばってくださーい。」
「波が○○さんのところで追いつきました！」

ワンステップ3！ 大きな輪の場合，反対方向にも波を送り，どの人で波が合わさるか，混乱ぶりを楽しむこともできます。

豆知識

「健康」「長生き」「地域の情報」「生活の知恵」「昔の思い出」「旅行」「趣味」の話題は、シニア世代との交流のきっかけとなる話題です。

アドバイス

マヒなど，不自由があってもできますが，スタッフが間に入るなどの配慮をしましょう。

姿勢のバランスをくずして転倒しないよう注意しましょう。

豆知識

昔のことを思い出して、思い出話を語り合うことも、よい頭の体操になります。

おわりに

私の母（交通事故で他界）は，保育士を10年以上しておりましたが，母は人前で話すのが大変不得手で，大勢の前で何か場つなぎをしたり，幕間に何か話したりするのを嫌がり，困っていました。そんな母が生きていたら活用できたであろう本を書こうとも思いました。

母の一面を引き継いでいる私も，同じように不器用です。人が大勢いるところで講話をすることも多い立場ですが大変な緊張です。事前にシミュレーションをしたり，何度も練習をし，本番が無事終わった時にはぐったりです。そのような自分でも使えるような1冊を書きたいとも思いました。

書き始めた時には，子どもと一緒に見に行ったサーカスの幕間や，子どもの学校行事で垣間見た先生方の小さなレクやお話も参考にできました。それにアレンジを加え，仕事や親戚で試してみて改良を重ねたものもあり，イラストをつけるなど，苦労をあげたらきりがありません。

眺めるだけでも楽しい本になるように，イラストも多く書きました。

書き上げるまでに心身の支えになってくださった，たくさんの保健師の友達，先輩，親族のみなさま，本当にありがとうございました。黎明書房の武馬社長様，編集部のみなさま，本当にありがとうございました。出会った時から様々なポイントで心の支えになってくださっている千住秀明先生，本当にありがとうございました。

そして家族のみんな，お母さんを支えてくれて本当にありがとう。

2014年4月

青木　智恵子

参考文献

・植木理恵著『すぐに使える行動心理学』宝島社，2012年。

・医療情報科学研究所編『病気が見える』vol.３，第３版，メディックメディア，2012年。

・藤島一郎監修，青木智恵子著『Dr・歯科医師・Ns・PT・OT・ST・PHN・介護福祉士みんなで考えた高齢者の楽しい介護予防体操＆レク』黎明書房，2011年。

・藤島一郎監修，青木智恵子著『Dr・歯科医師・Ns・ST・PT・OT・PHN・管理栄養士みんなで考えた高齢者の楽しい摂食・嚥下リハビリ＆レク』黎明書房，2009年。

・佐藤知美著『たのしくあそんで感覚統合ー手づくりのあそび100ー』かもがわ出版，2008年。

・辻本敬順著『仏教用語豆辞典』本願寺出版社，1984年。

・丸山浩路著『イラスト手話事典』KKダイナミックセラーズ，1984年。

著者
青木智恵子
本名，鈴木智恵子。北海道帯広柏葉高校・北海道大学医療技術短期大学部看護学科・北海道立衛生学院保健婦科を卒業。後に保健センターの保健師，病棟の看護師，保健所の保健師，国保連合会嘱託保健師，北海道大学非常勤講師等。現在，市や町の臨時保健師を務めつつ，実体験を生かして講演・執筆する傍ら，年長～小学校低学年向けに命の大切さという観点からの性教育講座の講師を随時務める。児童虐待防止協会会員。
主著　『摂食・嚥下リハビリカルタで楽しく遊ぼう』『みんなで考えた高齢者の楽しい介護予防体操＆レク』『みんなで考えた高齢者の楽しい摂食・嚥下リハビリ＆レク』『生まれてよかった！―子どもにいのちの大切さを伝える楽しい性教育の進め方―』『車椅子やベッドの上でも楽しめる子どものためのふれあい遊び50』『子どもを喜ばせるナースの簡単技 BEST40』『子育て支援のためのイラスト・カット集』『ハンディ版　介護・福祉のちらし・おたより・カット集』『介護保険・福祉に役立つイラスト・カット集』『そのままコピー！　母子保健のための楽しいイラスト・カット集』『栄養士のための楽しいイラスト・カット集』『高齢者福祉・介護・保健のためのイラスト・カット集』『保健婦・養護教諭のための楽しいカット集』（以上，黎明書房）

＊カバー・本文イラスト：青木智恵子

保健師《ほけんし》・青木智恵子《あおきちえこ》が書《か》いた　会《かい》の始《はじ》まる前《まえ》・スキマ時間《じかん》に参加者《さんかしゃ》をあたためる楽《たの》しい小技《こわざ》

2014年６月20日　初版発行
著　者　青《あお》　木《き》　智《ち》恵《え》子《こ》
発行者　武　馬　久仁裕
印　刷　株式会社太洋社
製　本　株式会社太洋社

発行所　株式会社　黎《れい》明《めい》書《しょ》房《ぼう》
〒460-0002　名古屋市中区丸の内3-6-27　EBS ビル　☎052-962-3045
FAX 052-951-9065　振替・00880-1-59001
〒101-0047　東京連絡所・千代田区内神田 1-4-9　松苗ビル４階
☎03-3268-3470

落丁本・乱丁本はお取替します。
ISBN978-4-654-05671-2

日本音楽著作権協会(出)許諾第 1406569-401 号承認済